Le Percheron

Textes
et Photographies
Jean-Léo Dugast

Castor & Pollux

Figure emblématique de la petite province du Perche, le percheron s'est façonné au fil des ans une réputation enviable. Son courage, sa force, mais aussi sa docilité et son intelligence, ont séduit, bien au-delà des frontières de l'Hexagone. Depuis l'avènement de sa carrière internationale, au milieu du XIXe siècle, le solide cheval de trait s'est aventuré aux quatre coins du globe. Cet extraordinaire destin en a fait la référence dans le monde du cheval de trait. D'ailleurs, le nom de « percheron » est bien souvent considéré comme synonyme de cheval de trait, alors que la France ne compte pas moins de huit autres races régionales.

Rarement un animal n'aura été identifié d'aussi près à une province. Fierté légitime de toute une population, le percheron ne saurait laisser indifférent, et suscite même de véritables passions. Cet engouement n'est jamais aussi palpable que dans le monde des éleveurs. Le percheron y est perçu comme un animal mythique, issu d'un passé lointain et mystérieux. Transmis de génération en génération, cet amour du percheron confine parfois à la dévotion. Toutes les occasions sont bonnes pour évoquer les carrières des plus brillants étalons, ces « raceurs » qui ont laissé leur empreinte sur les chevaux d'aujourd'hui. Les juments les plus prolifiques deviennent l'objet d'une véritable vénération, et la naissance d'un nouveau poulain est toujours vécue comme un événement majeur dans la vie d'un éleveur.

Cheval régional au destin planétaire, le percheron a connu ses plus belles heures de gloire loin de ses terres d'origine, sur le continent américain. En cette deuxième moitié du XIXe siècle, il part à la conquête du Nouveau monde. Limité à quelques dizaines d'étalons dans les premières années, le mouvement ira en s'amplifiant, pour atteindre plusieurs milliers de chevaux vers 1900. Les Américains regroupent leurs achats et organisent des trains spéciaux au départ de Nogent-le-Rotrou, à destination du Havre où s'effectue l'embarquement pour la traversée de l'océan. Attelé aux diligences, fer de lance de la conquête de l'Ouest, puis, à partir de 1896, travailleur plein d'abnégation au service d'une agriculture qui découvre la mécanisation, le percheron vit ses heures de gloire outre-Atlantique.

Pendant ces quelques décennies, le percheron se fait une solide réputation. Ne parle-t-on pas désormais du « roi des chevaux de trait » ? Sa renommée déborde le continent nord-américain pour devenir mondiale. Les éleveurs de percherons vivent à l'heure planétaire.

Chaque année à Nogent-le-Rotrou, à La Ferté-Bernard, à Mondoubleau, l'arrivée du printemps marque le retour des acheteurs étrangers. Ils sont américains, australiens, canadiens, mais aussi chiliens, brésiliens, argentins, suédois, hollandais. Comme pour donner une dernière couche de verni à une réputation qui ne manque pourtant pas d'éclat, les cours impériales de Russie et d'Allemagne ont succombé, elles aussi, à la mode du percheron.

Les étrangers ne sont pas les seuls à faire les yeux doux au cheval percheron. À partir de 1875, la Compagnie des omnibus parisiens lui offre les pavés mal joints de la capitale. Les grands magasins, Félix Potin, le Bazar de l'Hôtel de ville, le Planteur de Caïffa, les pompiers, s'attachent les services du solide cheval à la robe pommelée.

Sur les bords de l'Huisne, artère nourricière des vertes collines du Perche, les fermes étalonnières régentent le marché. Des dynasties voient le jour. Les Perriot, Tacheau, Chouanard, Chapelle, Aveline, se sont donné pour objectif de répondre à l'engouement hexagonal et planétaire pour le cheval percheron. Et en ce début de troisième millénaire, certaines de ces familles sont encore actives dans le microcosme percheron.

Bien évidemment, il a fallu organiser la race. La Société Hippique Percheronne de France a été fondée le 23 juin 1883 à Nogent-le-Rotrou. Le stud-book, livre généalogique de la race, ouvert la même année, fixe les caractères permanents des chevaux ainsi que l'aire d'élevage, qui englobe cinquante cantons de l'Orne, la Sarthe, l'Eure-et-Loir et le Loir-et-Cher.

Les deux guerres mondiales auront été pour la race percheronne de sérieux coups de semonce, annonciateurs de jours difficiles. Avec les hostilités de 1914 à 1918, ce sont des vagues successives de chevaux qui vont mourir en Russie et en Ukraine. Les ventes vers l'étranger, en dehors des États-Unis, sont interrompues. La deuxième guerre confirmera la suprématie du moteur sur la traction animale. Une nouvelle impulsion à la motorisation venue des USA avec le plan Marshall en 1947 sonnera le glas de la race percheronne et précipitera sa descente aux enfers.

Pour endiguer cette hémorragie, la Société Hippique Percheronne développe les concours itinérants d'élevage, dont les primes sont supposées inciter les paysans à garder leurs chevaux. Le saupoudrage de quelques deniers publics n'arrêtera pas l'hécatombe.

Les petites exploitations de moins de trente hectares font bien un peu de résistance ; l'inévitable endettement qu'engendre l'achat d'un tracteur fait encore peur... Le cheval de trait sur des terres morcelées et parfois pentues et humides garde, pour quelques années, ses prérogatives. Mais rien n'y fait. La victoire du tracteur doit être totale, et les petites exploitations laisseront partir elles aussi leurs chevaux, au grand dam du maréchal-ferrant qui devra bien souvent remiser définitivement l'enclume. Les opérations de remembrement — en faisant table rase d'un environnement où haies, chemins creux et fossés constituent de sérieux obstacles à une agriculture productive — ont porté un coup final au cheval de trait.

Pendant vingt années, de 1960 à 1980, le cheval de trait percheron va connaître sa traversée du désert. La race serait en voie de disparition. Les quelques milliers de têtes qui s'engraissent encore dans les prairies du Perche et des environs le font dans la plus grande discrétion, comme pour mieux masquer l'ampleur de la dégringolade. C'est dans l'indifférence toujours, que les percherons finissent à l'étal des boucheries, unique débouché qui leur reste ouvert. Sur les marchés extérieurs, les Japonais sont les seuls à effectuer des achats réguliers. Les meilleures années, une vingtaine de chevaux au plus quitte le territoire national.

Moribonde, menacée de consanguinité, la race ne survit que grâce à la ténacité désintéressée d'une poignée de passionnés qui n'ont jamais pu se résoudre à voir leurs percherons disparaître totalement.
C'est alors que se produit à l'automne 1983, à Nogent-le-Rotrou, un événement qui va contribuer à inverser le cours des choses. Hasard, ou réponse à un climat ambiant qui fait de plus en plus la part belle aux notions de respect de l'environnement et d'équilibre écologique ? Quelques éleveurs, moins d'une dizaine, décident de sortir leur percheron de l'ombre.

Remettre sur le devant de la scène celui qui avait si bien réussi à se faire oublier, n'est pas mince affaire. Comment mieux redonner au percheron sa vocation de cheval de trait qu'en organisant des courses de trait-tract sur le modèle de ce qui se fait avec succès dans l'île de Hokkaïdo au nord du Japon ? Les premières courses ont donc eu lieu à Nogent-le-Rotrou, d'autres suivent dans les villes de la région. Mais le succès populaire n'est pas au rendez-vous. Fin de l'épisode trait-tract.

Pourtant, cet événement avorté aura une importance déterminante. Une poignée de chevaux ont redécouvert les vertus de l'attelage. Des débuts laborieux, certes. Le fier cheval de trait du début du siècle a fait du gras et a bien du mal à enfiler ses harnais. Ne parle-t-on pas, d'ailleurs, depuis quelques dizaines d'années, de « chevaux lourds » pour désigner les chevaux de trait ? L'allure non plus n'est pas au rendez-vous. La tête basse, dans les genoux, le trot poussif et peu alerte des premiers chevaux remis à l'ouvrage ne laisse rien augurer de bon.

C'est pourtant dans ce contexte défavorable que les responsables de la Société Hippique Percheronne décident de s'atteler au retour du percheron. Pari insensé qui fait beaucoup de sceptiques chez les éleveurs du Perche. La tâche est double : remettre en forme l'animal et lui trouver de nouveaux débouchés.

Curieusement, c'est vers l'Amérique que se tournent certains regards. Là-bas, le percheron se porte plutôt bien. Les descendants des chevaux arrivés aux USA au début du siècle ont su conserver leur ligne et se sont même parfois allégés. Et surtout, l'économie du percheron y est florissante, avec plus de dix mille têtes dans les élevages. Au printemps 1993, deux responsables de la race et le directeur du haras du Pin partent en mission exploratoire. Après avoir étudié l'exemple américain, ils reviennent convaincus qu'il y a encore une vie après la crise pour le percheron français. Leur conviction est telle que leurs bagages se sont alourdis d'un superbe étalon noir du nom de Silver-Shadow-Sheik, qui se voit confier l'honorable mission de saillir les plus valeureuses juments du Perche.

Pour la première fois, un cheval percheron traverse l'Atlantique d'ouest en est. Ce retour suscite bien des controverses. Plus qu'une évolution, c'est une révolution. Mal vécue par beaucoup. « Il n'y a donc plus de bons percherons chez nous ? » est la réflexion la plus communément entendue dans la bouche des éleveurs de l'Hexagone.

Difficile de faire comprendre que l'apport de sang américain doit permettre au solide percheron de faire son entrée dans le troisième millénaire avec une silhouette affinée et une allure de sportif plus en rapport avec ses nouvelles attributions.

En quelques années, la cure d'amaigrissement a porté ses fruits, comme en témoigne la nécessaire création de deux catégories de chevaux à l'occasion des concours de modèle de la race : les percherons diligenciers, chevaux plus légers orientés vers l'attelage, et les trait-percherons, chevaux plus traditionnels avec une forte ossature destinés à satisfaire des marchés spécifiques, comme les adeptes du trait-tract au Japon ou les débardeurs forestiers en Allemagne.

Certifié « apte à de nouvelles fonctions », le percheron ressemble à ces jeunes diplômés qui peinent à décrocher leur premier emploi. Plusieurs petits boulots s'offrent à lui, mais on attend toujours le débouché providentiel qui viendrait éponger la masse des candidats au travail.

Certes, l'attelage de loisir et de sport s'est considérablement développé en quelques années. Le cheval percheron, animal puissant et d'une légendaire docilité, y excelle. On le rencontre encore, dès l'arrivée des beaux jours, dans toutes les fêtes à l'ancienne qui émaillent le calendrier festif des petites villes. Parodiant pathétiquement ses activités passées, il tire charrues, herses, gerbières, devant un public d'anciens qui essuient quelques larmes nostalgiques en racontant aux plus jeunes « le bon vieux temps ».

C'est encore le cheval percheron qui conduit les mariés de la mairie à l'église, qui promène les enfants du centre aéré en été ou qui véhicule les touristes à l'occasion des visites guidées des villes de caractère.

Le bilan des nouveaux champs d'action du cheval de trait percheron serait incomplet s'il n'était pas fait mention de deux activités liées à l'environnement et présentées depuis plusieurs années comme prometteuses. Il s'agit du débardage en forêt, une discipline déjà largement dévolue aux chevaux de trait en Allemagne, en Belgique et dans les pays nordiques, et de l'entretien des espaces verts dans les centres urbains.

Le cheval de trait promu jardinier de la forêt ! Le percheron en rêve. Pas question pour autant d'effectuer un simple retour en arrière. Les machines lourdes, qui ont bouté la traction animale hors des zones forestières au milieu du XXe siècle, ne laisseront pas leur place.

Un arrangement amiable pourrait être négocié, de manière à laisser quelques parcelles au cheval de trait. Celles, par exemple, où un peuplement dense rend le travail mécanique difficile et peu rentable. Celles, encore, situées en zones humides ou pentues.

Nul ne conteste les aspects positifs du débardage avec des chevaux. Peu de dégâts infligés au sous-bois, peu de jeunes pousses cassées. Alors que le tracteur creuse d'énormes ornières et déstabilise les jeunes arbres, le cheval laisse le sol impeccable et les dommages causés aux arbres restés debout sont quasiment nuls.

Le retour annoncé du percheron devrait aussi se faire en milieu urbain. L'idée de remettre les chevaux de trait sur le pavé des villes pour y effectuer diverses tâches liées à l'entretien des espaces verts a été avancée il y a plusieurs années.

De grandes cités comme Strasbourg, Chartres, Rennes ou Annecy ont été les premières à réagir. Les villes de moyenne importance semblent désormais leur emboîter le pas. « Bastille », employée municipale à Argentan, « Banquise » à Petit-Quevilly, « Harmonie » et « Hirondelle » au Mans, autant de juments percheronnes qui sont montées à la ville avec l'objectif clairement affiché de trouver du travail.

Les différentes expériences en cours ont mis en évidence l'intérêt écologique de ces actions innovantes. La force tranquille du cheval, la complicité entre l'homme et l'animal, permettent d'accomplir des tâches utiles, tout en respectant l'environnement.

Dans une société qui redécouvre la valeur de la nature, le cheval de trait a toute sa place. Il est, bien évidemment, non polluant et le bruit de ses sabots est plus apprécié que celui du moteur.

À l'intérêt écologique, il faut ajouter un intérêt social non négligeable. Le cheval de trait en ville exerce un impact très fort sur le public. C'est un facteur évident de convivialité qui favorise le lien social, un centre d'intérêt qui rapproche les générations. C'est aussi un facteur d'apaisement des tensions. L'allure tranquille du cheval répand sur la ville une atmosphère naturelle et paisible.

Cheval distingué, harmonieux, élégant, avec des allures amples, actives et étendues au pas comme au trot, le percheron remonte doucement la pente.

Avec sa robe pommelée, avec sa masse imposante, parfois plus de mille kilos pour les étalons, le percheron devrait rester, pour le Perche et ses habitants, un symbole vivant de portée planétaire.

Ce symbole, fermement enraciné dans les sols argileux et humides de la plus petite des provinces françaises, ne s'est pas fait en un jour. Tout le monde s'accorde à lui reconnaître une notoriété due, en partie, à son ancienneté.

Défini fréquemment comme un arabe grossi par le milieu où il a été élevé, le cheval de trait percheron serait l'héritier d'étalons arabes des cavaleries d'Abdérame, vaincu en 732 par Charles Martel dans les plaines de Vouillé. Une affirmation sans preuves qui a le mérite d'offrir à l'animal ses origines lointaines.

À l'occasion des croisades en Terre sainte, on peut aussi admettre que des étalons orientaux ont effectué le voyage de retour avec les seigneurs percherons, en particulier Rotrou de Nogent et Geoffroy IV de Mondoubleau. Croisés avec des juments du cru, ces étalons auraient produit des chevaux de combat endurants et puissants.

Après la période difficile de la guerre de Cent Ans, qui aurait vu l'anéantissement d'une large part de la cavalerie percheronne, le cheval de trait refait lentement surface, d'abord pour le transport, puis plus tard, dans l'agriculture, où il remplace le bœuf comme animal de traction.

À l'époque charnière du XIXe siècle, le Perche s'est fait la réputation d'un pays de naisseurs. Ses chevaux « trottant vite et tirant lourd », selon la formule de l'abbé Fret, alimentent la Beauce où on les emploie au labour.

C'est dans la première moitié du XIXe siècle que la race percheronne va acquérir des caractères fixes. Une polémique, toujours d'actualité, tourne autour du rôle réel joué par deux étalons du nom de Godolphin et Gallipoly, stationnés un moment au haras du Pin, puis, à partir de 1820, au château de Couesme près de Bellême. Charles du Haÿs, dans un livre sur le cheval percheron publié en 1866, en fait « deux arabes… reproducteurs précieux, tous deux gris, qui redonnèrent du ton et de la chaleur à la race percheronne ».

En 1917, l'Américain Sanders, dans un ouvrage intitulé « A History of the Percheron Horse », apporte des précisions contradictoires en citant des documents du haras du Pin. Godolphin aurait été « un étalon de selle né en 1802, de robe alezan doré », alors que

Gallipoly était bien un étalon oriental né en Turquie en 1803, de robe gris clair. Vers 1824 naissait à Mauves-sur-Huisne Jean-le-Blanc, descendant direct de Gallipoly d'après le stud-book de la race, et considéré par la suite comme le père fondateur et le grand améliorateur de la race percheronne. La plupart des chevaux qui sortiront du rang dans les décennies à suivre porteront la marque de Jean-le-Blanc.

La conquête de l'Amérique pouvait commencer…

Avec ses allures amples et étendues, le percheron, cheval élégant, porte une tête expressive qui évoque à l'évidence son ancêtre oriental. En matière de robe, seuls le noir et le gris dans toutes ses nuances, sont inscrits au standard de la race. Le gris fortement pommelé et le noir de jais sont les teintes les plus appréciées des éleveurs et de certains utilisateurs. Le poulain percheron naît avec une robe garnie de poils noirs qui virent au gris puis au blanc plus ou moins rapidement en fonction de l'âge. Le poids d'un percheron adulte varie entre six cents kilos pour les plus légers, et mille deux cents kilos pour les étalons les plus lourds. La taille oscille entre 1,55 m et 1,85 m.

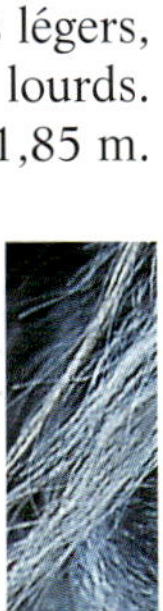

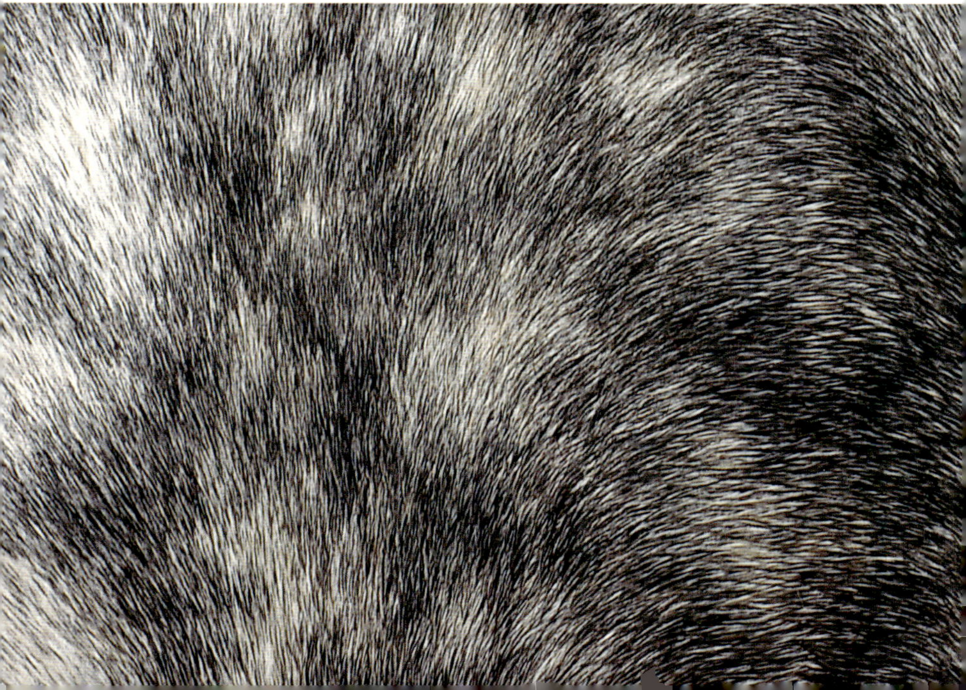

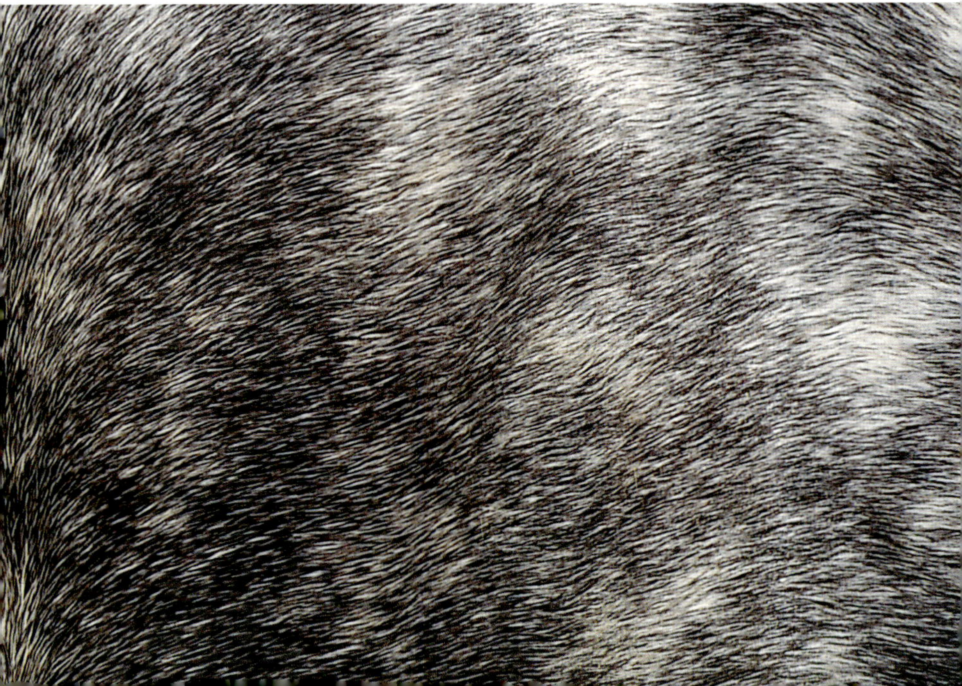

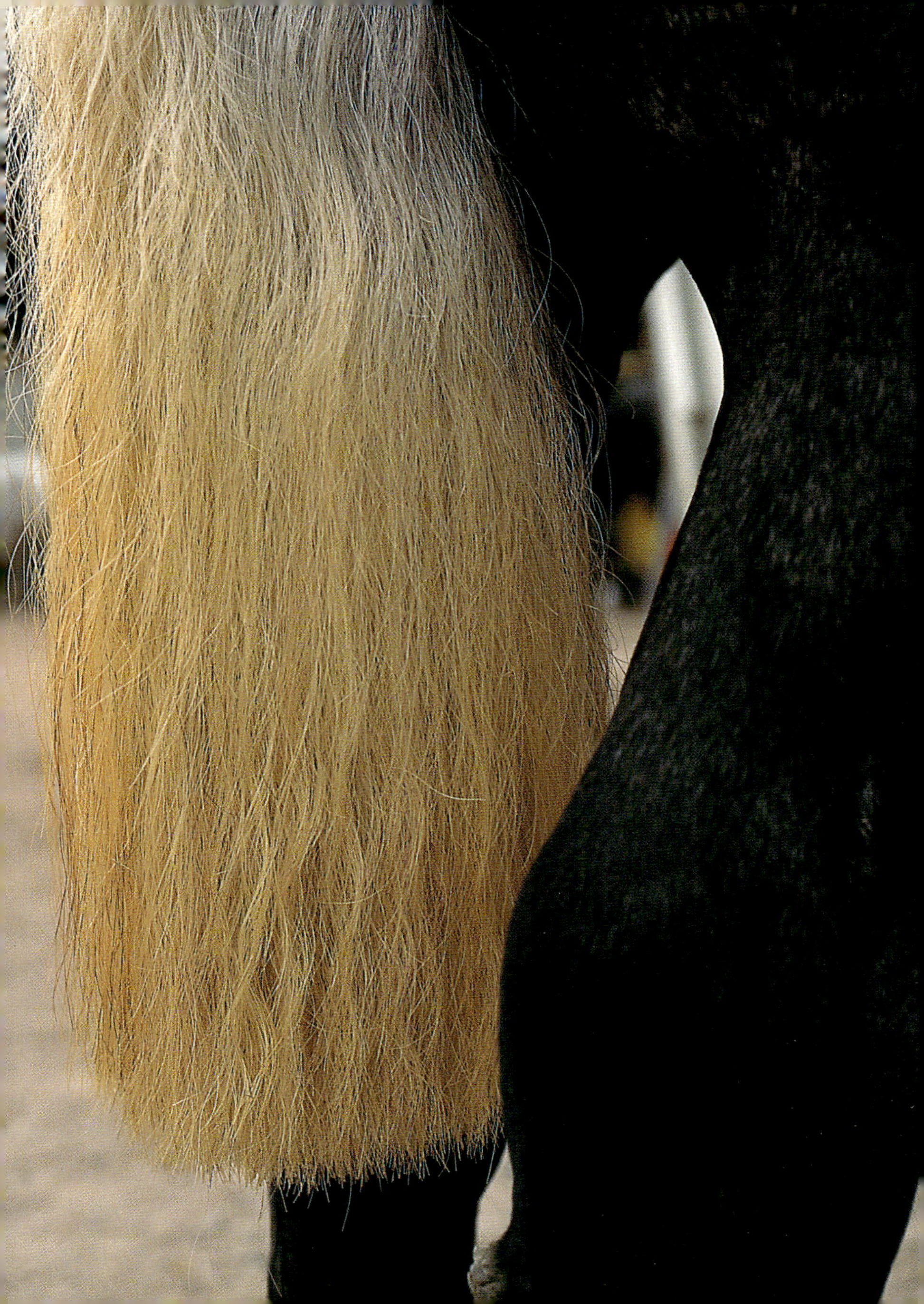

Les exportations de chevaux percherons vers l'Allemagne, sans être considérables, ont atteint une telle régularité au fil de ces dernières années que ce débouché ne peut être négligé. Des liens très étroits se sont tissés entre les éleveurs français et les utilisateurs d'outre-Rhin qui viennent fréquemment en visite dans le Perche, à la recherche des chevaux qui répondent le mieux à leurs besoins. Fait assez rare, les chevaux ainsi exportés sont amenés à remplir deux types de fonctions assez différents.

Une grande partie de l'année, les percherons sont employés à des activités de débardage dans la plupart des forêts du pays. Au printemps et en été, ils sont mis à contribution pour tirer les attelages publicitaires de prestige des grandes marques de bière. Cette seconde activité explique la préférence des Allemands pour les chevaux noirs, ce qui leur permet de garder des attelées de couleur uniforme.

Déjà parus dans la collection Photo poche Castor & Pollux

Le Comtois

L'Ardennais

La Salers

La Normande

Bonhomme de neige

Troyes

Franche-Comté

Le Mont Blanc

Les Dragons de Komodo

Venise, Mascarades

Cet ouvrage a été imprimé sur les presses
de l'imprimerie Néo Typo à Besançon
Mise en pages : HitorMiss/Paris/01 43 22 26 34
Dépôt légal : 2e trimestre 2000
ISBN : 2-912756-31-6